Heinz Erhardt

Besinnliches

HEINZ ERHARDT
BESINNLICHES

MIT BILDERN VON MELANIE GARANIN

LAPPAN

PROLOG

„Warum machst du in Gedichten?“,
fragte mich ein Menschenkind.
„Warum schreibst du nicht Geschichten,
die doch leicht verkäuflich sind?“
Oh, ich habe meine Gründe
für mein Tun – und sprach verträumt:
„Weil ich es viel schöner finde,
wenn sich hinten alles reimt.“

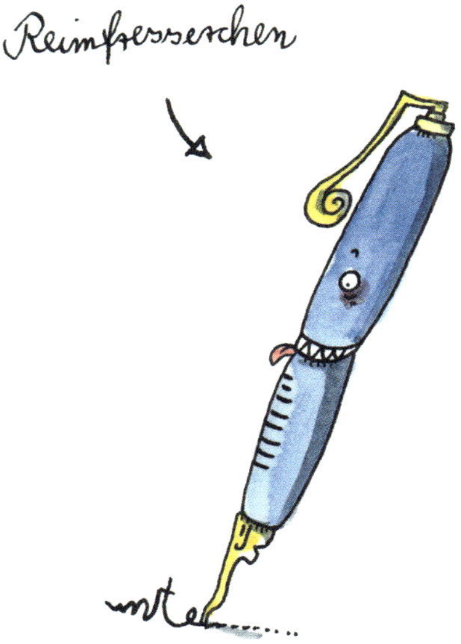

HUMOR

Glücklich ist der Mensch zu preisen, der – angetan mit einem Regenmantel – durch den strömenden Regen geht und das Gefühl hat, durch meinen Mantel geht nichts durch. Dieser Mensch hat Humor! Humor ist nichts anderes als ein undurchlässiger Regenmantel, und es ist nur bedauerlich, dass Regenmäntel immer so verregnet aussehen.

Humor kommt von humus, ohne den bekanntlich nichts gedeihen kann. Aus humus ist dann homo entstanden, und der liebe Gott muss damals viel Humor gehabt haben, als er den Homo sapiens schuf. Denn gibt es etwas Komischeres als den Menschen?

Aus einiger Entfernung sieht der Mensch manchmal wie ein richtiger Mensch aus. Aber während das Weihnachtsfest zum Beispiel uns immer näher kommt, kommen sich die Menschen niemals richtig näher. Sie haben Angst voreinander. Ist das nicht komisch?

MAN NEHME

Seit frühster Kindheit, wo man froh lacht,
verfolgt mich dieser Ausspruch magisch:
Man nehme ernst nur das, was froh macht,
das Ernste aber niemals tragisch!

EINE REDE ÜBER DIE REDE

Unser Dasein wird von Reden begleitet: Bei der Taufe wird der Mensch mit Reden begrüßt – und am Grabe mit Reden verabschiedet.
Wie entsteht nun eigentlich eine Rede?
Zunächst hascht man sich einen Gedanken. Das dauert oft länger, als einem lieb ist. Hat man ihn dann endlich, ist er nackt und bloß. Also muss man ihn kleiden, und zwar in Worte! Nun beginnt man im Laufe der Rede Worte zu

verlieren. Dadurch fehlen sie einem bald. Deshalb muss man schleunigst nach neuen Worten *suchen*, bis man welche *gefunden* hat. Hat man endlich wieder Worte *gefunden*, gehen sie einem aufs Neue *verloren*, und man muss wieder nach Worten *suchen* usw. usw. Ein ewiges Verlieren, Suchen und Finden ist so eine Rede, und leider steht ihre Länge meist in keinem Verhältnis zu der Länge ihrer Gedanken!
Wird man unerwartet gebeten, eine Rede zu halten, so erschrecke man nicht, sondern fasse sich.
Aber kurz!

WAHRHEIT

Die schlechtesten Bücher sind es nicht,
an denen Würmer nagen,
die schlechtesten Nasen sind es nicht,
die eine Brille tragen.
Die schlechtesten Menschen sind es nicht,
die dir die Wahrheit sagen.

ICH KÖNNTE MANCHMAL VOR GLÜCK EINE
GANZE ALLEE VON PURZELBÄUMEN SCHLAGEN.

◆ ◆ ◆

ES LOHNT SICH, KEINEN HUT ZU TRAGEN,
ENDET DER MENSCH BEREITS BEIM KRAGEN.

MAN MACHT GEWÖHNLICH VIELE WORTE,
WENN MAN NICHTS ZU SAGEN HAT.

◆ ◆ ◆

ICH HAB DIE MUTTERSPRACHE MIT
DEN KINDESBEINEN EINGESOGEN.

◆ ◆ ◆

DAS LERNEN MACHT STETS DANN VERDRUSS,
WENN MAN'S NICHT WILL, ES ABER MUSS.

◆ ◆ ◆

WENN DER KRAGEN AM HEMD NICHT SITZT,
HANDELT ES SICH HÄUFIG UM EINEN STEHKRAGEN.

DER PFLASTERSTEIN

Es liegt ein grauer Pflasterstein
auf der Chaussee, doch nicht allein;
denn wenn allein er läge,
dann läge er im Wege;
doch so, inmitten anderer,
erfreut er alle Wanderer.
Anstatt ihn dankbar nun zu grüßen,
tritt man mit Füßen ihn, mit Füßen …!

ZU WENIG

Ich kenne keine Beine,
die schöner wärn als deine,
deshalb bedaure ich es fast,
dass du nur zweie hast …

DIE NASE

Wenngleich die Nas, ob spitz, ob platt,
zwei Flügel – Nasenflügel – hat,
so hält sie doch nicht viel vom *Fliegen;*
das *Laufen* scheint ihr mehr zu liegen.

DIE AUGEN

Die Augen sind nicht nur zum Sehen,
sind auch zum *Singen* eingericht' –
wie soll man es denn sonst verstehen,
wenn man von Augen*liedern* spricht?

BALTISCHE AUFFORDERUNG*

Schatzchen! Komm mit mir auf Wiese,
Sonnchen strahlt und Blume sprießt!
Übern Arm nimm Schirm und Mantel,
falls der Fall kommt, dass es gießt!

Unter uns wird Mantel liegen,
unterm Schirm, da werden wir.
Keiner kann dann nichts was hören,
was ich sag – und was du mir …

---

* *geeignet ab 18*

BIN ICH VERLIEBT?

Gestern Nacht war Wetterleuchten,
und wir saßen an dem Strand,
und die Wellen rauschten leise,
und ich drückte ihr die Hand.
Und dann wollt ich etwas sagen,
und ich sah ihr ins Gesicht,
und da konnt ich es nicht sagen,
nein, ich konnt es nicht!

Bin ich verliebt? Vielleicht auch nicht!
Vielleicht auch doch, kann sein, vielleicht!
Warum vielleicht? Vielleicht bestimmt?
Vielleicht auch nicht, vielleicht?

Jeden Morgen schmeckt mir der Kaffee
ganz besonders fein,
aber heute, weiß der Teufel,
wollt er gar nicht recht herein.
Auch der Duft der Zigarette
ist mir gar nicht angenehm,
und in dem sonst weichen Bette
schlief ich unbequem!

Bin ich verliebt? Wieso verliebt?
Vielleicht auch nicht, vielleicht auch doch!
Kann sein vielleicht, warum vielleicht?
Vielleicht bestimmt!

Sagen Sie mir, meine Herren,
im Vertrauen: ist das so,
dass, wenn man in wen verliebt ist,
man mehr traurig ist als froh?
Sagen Sie mir, meine Damen,
war es dumm, dass ich nicht sprach,
wo sie doch am Meeresstrande
dicht daneben lag?

Bin ich verliebt? Und wenn, bestimmt!
Warum vielleicht? Es kann doch sein!
Vielleicht auch nicht. Vielleicht auch doch,
vielleicht!

DER EINBRUCH

Durch das angelehnte Fenster
steigt der jugendliche Gangster* –
er will nämlich die Juwelen,
die im Nachttisch liegen, stehlen!

Schon zieht sacht er an der Lade – – –
da erwacht – und jetzt gerade!
die Frau Gräfin aus dem Schlaf:
„Kommst du endlich, lieber Graf?",
flüstert sie und schlägt die Decken
ganz zurück ... Voller Erschrecken
übern Anblick springt der Gangster
ohne Schmuck schnell aus dem Fenster** – – –!

Und er gibt sich das Versprechen,
nie wieder bei *alten* Damen
(auch mit adeligem Namen)
einzubrechen!

---

* *Sollte jemand meinen, der Reim Fenster – Gangster sei nicht gut, so möchte ich hier unten ausdrücklich betonen, dass ich nie behauptet habe, er sei es!*

** *Siehe **

DAS FENSTER

Es traf sich so, dass sie sich trafen.
Er fragte, ob – – –, sie sagte: „Nein,
es geht nicht, meine Eltern schlafen!“
Dann ließ sie ihn zum Fenster rein.

Es zog durchs Fenster … Nun, man schloss es …
Nun zog es nicht mehr … Man genoss es …

Doch als sie sprach: „Geliebter Gangster,
wir sind verlobt, nun bist du mein“,
schlug er von innen erst ihr Fenster
und dann den Weg nach Hause ein.

EINE VERFAHRENE GESCHICHTE

Ich sah dich in der Straßenbahn,
sah dich von allen Seiten an,
doch du, mein Schatz, du
machtest dir nichts draus!
Ich bot dir meinen Sitzplatz an,
weil ich ja auch mal stehen kann,
doch du, du sagtest „danke“ und stiegst aus!

Dies „danke“, oh, gab mir den Rest …
Du bist's, die mich nicht schlafen lässt!

Nun fahr ich mit der Straßenbahn,
wann immer ich nur fahren kann,
doch leider, Schätzchen, treffe ich dich nie!
Mich fragte schon die Schaffnerin,
ob ich wohl nicht bei Troste bin,
doch was, ich bitte Sie, versteht denn die?

Vor Kummer bin ich schon ganz dumm …
Vielleicht ist's besser, ich steig um?

Nun fahr ich mit dem Autobus,
wann immer ich nur fahren muss,
doch leider werd ich deiner nicht gewahr!
Bist du am Ende gar erkrankt?
Vielleicht verreist? Bist du in Sankt
Maurice, läufst Ski und abends in die Bar?

Werd ich nicht bald *verrückt* vor Qual,
dann bin ich wirklich nicht *normal!*

LIEBSCHAFTEN SIND WIE PILZGERICHTE, OB SIE UNGEFÄHRLICH WAREN, WEISS MAN ERST SPÄTER.

EITLE MÄNNER SIND WIE KLEIDERSTÄNDER, AN DENEN NICHTS HÄNGT.

◆ ◆ ◆

FRAUEN SIND DIE JUWELEN DER SCHÖPFUNG. MAN MUSS SIE MIT FASSUNG TRAGEN.

◆ ◆ ◆

EINE FRAU, DIE VOR IHREM MANN KEINE GEHEIMNISSE HAT, HAT ENTWEDER KEINE GEHEIMNISSE ODER KEINEN MANN.

◆ ◆ ◆

DAS MENSCHENLEBEN GLEICHT DER BRILLE – MAN MACHT VIEL DURCH.

◆ ◆ ◆

SEIEN SIE NICHT SO KINDISCH, ALBERMANN!

DIE STARLETS

Jetzt weiß ich endlich auch, wieso
sie Köpfe haben! – Soll ich's sagen?
Sie brauchen dann das viele Stroh
nicht in der Hand zu tragen!

DIE MODISTIN

Sie zeigt das Neuste der Saison …
Da plötzlich stolpert sie beim Schreiten,
und lächelnd spricht sie: „Oh, pardon,
ich habe *Absatz*schwierigkeiten!“

SCHÖNE AUSSICHTEN

Ich habe ein Fenster im Zimmer
(das Fenster, das hatt' ich schon immer),
doch lohnte es nie, zum Fenster zu gehn,
denn meine Aussicht ist gar nicht so schön:
nur eine Mietskaserne!

Doch wie ich neulich, ganz aus Versehn,
kam in die Nähe vom Fenster zu stehn,
bemerkte ich plötzlich schräg vis-à-vis
ein weibliches Wesen so schön wie noch nie!

Nun guck ich ziemlich gerne ...

CHOR DER MÜLLABFUHR

Kommt! Lasset von Tonne zu Tonne uns eilen!
Wir wollen dem Müll eine Abfuhr erteilen!

Auf! Machen wir, dass jede Tonne sich leere!
Wir sind dazu da, denn wir sind Müllionäre!
        Müllirallala, Müllirallala!

LUISENSTRASSE 13

Luisenstraße dreizehn
ist bloß ein graues Haus,
doch kriegen mich zehn Pferde
nicht aus dem Haus heraus!
Scheint dort auch nie die Sonne
und pfeift durchs Dach der Wind,
ich habe meine Gründe,
und diese Gründe sind:

Sie wohnt im dritten Stock,
ich wohn im vierten Stock,
in einem Häuserblock
in der Luisenstraße.
Sie ist 'ne Tippmamsell,
und ich bin Junggesell,
kann's wundern, dass ich schnell
gleich Feuer fasse?

Ich sitz dann abends in dem Zimmer
und wird's noch so spät,
ich höre dann ganz deutlich,
wie sie unten schlafen geht,
bei sich im dritten Stock!
Ich wohn im vierten Stock,
in einem Häuserblock
in der Luisenstraße.

DIE GARDINENPREDIGT

An den blumigen Gardinen
hängen Reste deiner Predigt,
und seitdem du sie gehalten,
bin ich für die Welt erledigt.
Einsam schleich ich durch die Landschaft.
Und der Schwager und die Nichten
zeigen nun auf mich mit Fingern,
statt mich wieder aufzurichten.
Bis zur nächsten großen Wäsche
muss ich meine Wohnung meiden,
denn ich kann diese Gardinen,
die geblümten, nicht mehr leiden.

KEINE FRAU IST SO SCHLECHT,
DASS SIE NICHT DIE BESSERE HÄLFTE
EINES MANNES WERDEN KANN.

◆ ◆ ◆

EIN MANN KANN EINE FRAU IMMER
NUR SO WEIT BRINGEN, WIE SIE WILL.

◆ ◆ ◆

ES IST NICHTS SO FEIN GESPONNEN,
WIE ES GEKOCHT WIRD.

◆ ◆ ◆

VIELE MENSCHEN SCHEINEN AUS DEM
LINKEN BETT ZUERST AUFGESTANDEN SEIN.

◆ ◆ ◆

ICH REIBE MIR MORPHEUS' ARME AUS
DEN AUGEN, WERFE MIR DEN HUT UM DIE
SCHULTER UND LEBE SINNLOS MÄSSIG.

◆ ◆ ◆

PARTYS SIND DIE KINDERGÄRTEN
DER ERWACHSENEN.

ABENDFRIEDEN

Die Oma murmelt leise vor sich her –
sie spricht mit Opa, doch den gibt's nicht mehr ...
Im Bettchen nebenan schläft süß das Kind ...
Die Mutter strickt ... Der Vater spinnt ...

SEHNSUCHT

Ich sehne mich nach einem Häuschen
in Bayern oder an der Spree,
ein Zimmer braucht es nur zu haben,
dazu ein Bad und ein WC.
Im Zimmer würde ich notieren,
was ich beim Baden grad gedichtet,
und im WC würd dann das Machwerk
von mir gleich hinterrücks vernichtet.

DIE MAURITIUS

Herr Heinrich Franz von Ohnegleichen,
der sammelte gern Postwertzeichen
mit Zähnen und mit glatten Rändern
aus Übersee und andern Ländern
und klebte sie – alle vereinigt,
jedoch geordnet und gereinigt –
ins Album, wie man das so muss!
Nur fehlte die *Mauritius!*

Was hatte er nicht unternommen,
um diese Marke zu bekommen!!!
Ja, selbst als er der Minne frönte
mit Minna, die ihn arg verwöhnte,
so fragte er bei jedem Kuss:
„Hast du nicht die *Mauritius?*"

Bald brachte beiden Adebar
ein Kind, das zwar ein Mädchen war,
doch Heinrich fasste den Entschluss:
„Die nennen wir *Mauritius!* –
Gewiss, der Name passt nicht recht
für'n Kind von weiblichem Geschlecht –
doch sei's! Zu End sei der Verdruss:
Ich hab eine *Mauritius!*" –

Sehr früh schon ging das Mädchen gern
in Bars, damit es tanzen lern
und dadurch körperlich erstarke!
Na, sie wurde vielleicht 'ne Marke – – –

SCHAL UND RAUCH

Und der Rauch der Zigarette
kräuselt sich und steigt zur Decke,
und da oben wird er breiter.

Und nun sieht er deinem blauen
Schal so ähnlich, dem ich zürnte,
weil er *das* tat, was du ständig
mir verbotest, nämlich dieses:
dich ganz zärtlich zu umhalsen.

Doch nun ist der Rauch verflogen.
Nichts erinnert an den Schal mehr,
höchstens der Geschmack im Munde,
den ich habe, weil er schal ist.

AM KAMIN

Es gibt recht viele, die noch immer
vom englischen Kamine schwärmen.
Er kann so leidlich zwar das Zimmer –
doch ich mich nicht für ihn erwärmen.

Wenn ich vor solchem Möbel sitze
– ich muss das wirklich mal erwähnen –,
so hab ich vorne große Hitze
und klappre hinten mit den Zähnen. –

Sitzt du jedoch bei mir ganz dicht,
legst um mich deinen lieben Arm,
dann gilt das, was ich sagte, nicht – – –
dann hab ich es auch hinten warm!

SCHULE

Die Schule ist, das weiß man ja,
in erster Linie dazu da,
den Guten wie den Bösewichtern
den Lehrstoff quasi einzutrichtern;
allein – so ist's nun mal hienieden:
Die Geistesgaben sind verschieden.

Mit Löffeln, ja sogar mit Gabeln
frisst *Kai* die englischen Vokabeln;
Karl-Heinz hat aber erst nach Stunden
die Wurzel aus der Vier gefunden.

Und doch! *Karl-Heinz* als „dumm" verschrien,
wird Chef – und man bewundert ihn,
und *Kai*, in Uniform gezwängt,
steht an der Drehtür und empfängt
und braucht in Englisch höchstens dies:
„Good morning, Sir!", und manchmal: „Please!"

Hieraus ersieht der Dümmste klar,
dass der, der „dümmer", klüger war!

KINDER

Kinder haben es so leicht,
haben keine Sorgen,
denken nur, was mach ich *jetzt,*
nicht, was mach ich *morgen* …?
Kinder haben es so schwer,
dürfen niemals mäkeln
und sich wie der Herr Papa
auf dem Sofa räkeln …

Kinder haben es so leicht,
dürfen immer spielen,
essen, wenn sie hungrig sind,
weinen, wenn sie fielen …
Kinder haben es so schwer,
müssen so viel lernen und,
wenn was im Fernsehn kommt,
sich sofort entfernen …

Kinder haben es so leicht,
naschen aus der Tüte,
glauben an den lieben Gott
und an dessen Güte …
Kinder haben es so schwer,
müssen Händchen geben
und auf dieser blöden Welt
noch so lange leben …

ABENDLIED

Die Nacht bedeckt die Dächer,
und in dem Aschenbecher
verlöscht die Zigarette.

Es ruhn fast alle Räder.
Der Tag verging wie jeder,
als Glied in einer Kette.

Ich höre Eulen singen
und sehne mich nach Dingen,
die ich so gerne hätte.

Und von dem vielen Sehnen
bekomme ich das Gähnen – – –
gut Nacht, ich geh zu Bette.

BEI OPA

Der Opa ist ein frommer Mann
und liest in seiner Bibel.
Die Oma schneidet nebenan
fürs Abendbrot die Zwiebel.

Der Opa ist ein frommer Mann
und weint ob seiner Sünden.
Auch Omama weint nebenan,
jedoch aus andern Gründen.

DER STROHHUT

Er hatte etwas blaues Blut
und Schmisse auf den Backen.
Der Strohhut aber stand ihm gut,
trug er ihn keck im Nacken.

Und tanzte er nach „In The Mood“,
stand er auf fremden Füßen.
Der Strohhut aber stand ihm gut,
nahm er ihn ab beim Grüßen.

Er sagte statt „Statut“ – „Schdadut“,
er war nämlich aus Sachsen.
Der Strohhut aber stand ihm gut –
wie aus dem Kopf gewachsen.

DAS KONZERT

Frau Fauna und Frau Flora
spiel'n am Pianoforte
vierhändig und nach Noten
„Lieder ohne Worte".

Frau Fauna hat die Melodie.
Frau Flora rankt sich drumherum.
Der Mensch hört zu und applaudiert.
Und Gott blättert die Seiten um.

FUSSKRANKE UND BANKDIREKTOREN
SCHWÄRMEN VON EINLAGEN.

◆ ◆ ◆

BEI GLATTER STRASSE MUSS MAN
SECHZEHN GEBEN – DOPPELT ACHT.

◆ ◆ ◆

MANCHE SCHLAGERTEXTER SCHREIBEN
NUR AB UND ZU; VOR ALLEM AB.

◆ ◆ ◆

DAS EWIGE SCHWIMMEN GEGEN DEN
STROM WIRD NOCH EINMAL DER NAGEL
ZU MEINEM LETZTEN ATEMZUG SEIN.

◆ ◆ ◆

WENN SCHON NIETZSCHE SAGT, DASS ZUM
LEBEN DREI DINGE GEHÖREN, NÄMLICH
GELD, GELD UND GELD, SO MÖCHTE ICH
DIESEN KLUGEN SATZ DAHIN ERWEITERN,
DASS ZUM LEBEN VIER DINGE GEHÖREN,
NÄMLICH GELD, GELD, GELD UND GELD.

DER FELS

Wenn dir ein Fels vom Herzen fällt,
so fällt er auf den Fuß dir prompt!
So ist es nun mal auf der Welt:
Ein Kummer geht, ein Kummer kommt …

WINTERANFANG

Verblüht sind Dahlien und Ginster.
Die Rechnung steigt für Öl und Licht.
Die Nächte werden wieder finster.
Der Tag nimmt ab. Die Oma nicht.

SOMMERANFANG

Mit Frischem füllen sich die Keller.
Es sinkt der Öl- und Lichtverbrauch.
Die Nächte werden wieder heller.
Der Tag nimmt zu. Die Oma auch.

PERPETUUM MOBILE

Und der Herbststurm treibt die Blätter,
die ganz welk sind, vor sich her,
und es ist so schlechtes Wetter – – –
ach, wenn's doch schon Winter wär!
Und es fallen weiße Flocken,
zwanzig Grad sind es und mehr,
und man friert in seinen Socken – – –
ach, wenn's doch schon Frühling wär!
Und der Schnee schmilzt auf den Gassen,
und der Frühling kommt vom Meer,
einsam ist man und verlassen – – –
ach, wenn's doch schon Sommer wär!
Und dann wird es schließlich Juli,
und die Arbeit fällt so schwer,
denn man transpiriert wie'n Kuli – – –
ach, wenn es doch Herbst schon wär!
usw. usw.

DER VIELASS

Ach, ein Unglück ohne Frage
ist das Essen, doch bei Tage
kann der Mensch nicht ohne dem
sein, und das ist unbequem.
Durch des Mundes enge Schleuse
zwängt mit Mühe man die Speise,
bis sie – klein und weich zerlutscht –
tiefer in den Magen rutscht.
Bald bemerkt man, nicht erheitert,
dass der Bauch sich stark erweitert,
und mit sauerem Gesicht
stellt man fest, dass das Gewicht
sich bedenklich hat verschoben,
und zwar leider Gotts nach oben.

Moral:

Alles im Leben geht natürlich zu, nur die Hose geht natürlich nicht zu!

FAST EINE FASTENKUR

Alte Brötchen. Saure Weine.
Ein Salatblatt. Guss auf Beine.
Hunger nagt im Magen-Sektor.
Und er knurrt. Wie draußen Hektor.

Will nicht mehr gesund und schlank sein!
Will dann lieber dick und krank sein!

Kehrt zurück, ihr großen fetten
Schnitzel oder Schweinskotletten
und auch ihr, ihr Leibbeschwerden!

Bin es satt, nie satt zu werden!

ZELLEN

Das Leben kommt auf alle Fälle
aus einer Zelle.
Doch manchmal endet's auch – bei Strolchen! –
in einer solchen.

ICH BRAUCHE NUR FETT GEDRUCKTES
ZU LESEN, SCHON NEHME ICH ZU.

◆ ◆ ◆

DAS ERSTE, WAS MAN BEI EINER ABMAGE-
RUNGSKUR VERLIERT, IST DIE GUTE LAUNE.

◆ ◆ ◆

DAS EINZIGE, DAS MAN SICH JEDERZEIT
NEHMEN DARF, OHNE DANACH
SITZEN ZU MÜSSEN, IST PLATZ.

◆ ◆ ◆

FÜR EINEN VEGETARIER IST FLEISCH
EINE VERBOTENE FRUCHT.

◆ ◆ ◆

MASSEURE SIND DIE LINIENRICHTER
IM KAMPF GEGEN DIE KALORIEN.

◆ ◆ ◆

ALLES IM LEBEN GEHT NATÜRLICH ZU, NUR
DIE HOSE GEHT NATÜRLICH NICHT ZU!

GESCHMACK

Leute, die etwas vermögen, erwerben sich oft ein solches. Aber je unverständlicher ein Werk ist, desto höher bewertet man es und befreit es sogar von der Vergnügungssteuer, wohl deshalb, weil es dem Hörer meist kein Vergnügen bereitet, einem solchen Werk beizulauschen.
Übrigens gibt es viel mehr traurige als fröhliche Werke, und das ist eigentlich traurig, denn man macht ernsthafte Dinge nicht dadurch fröhlicher, indem man sie ernsthaft behandelt. Nur fröhliche Dinge sind es wert, ernsthaft behandelt zu werden.
Ein ernsthafter Andersdenkender wird nun zuerst sich empört vom Sitz, dann seine Stimme und schließlich Einspruch erheben. Aber die Meinungen über Geschmack sind nun einmal schwerer unter einen Hut zu bringen als die Völker der Schweiz, die vor vielen, vielen Jahren vor einem Hut den Hut oder die Konsequenzen haben ziehen müssen. Wie dieser Wilhelm Tell, der bekanntlich in den sauren Apfel biss, indem er durch ihn hindurchschoss.
Ob nun sauer oder weniger sauer – es ist zum Schießen, wie verschieden der Geschmack ist, besonders was die Hörspiele betrifft, die ja regelmäßig wiederkehren wie die braven Hausfrauen, die auch regelmäßig wieder immer wieder kehren, bis die gute Stube glänzt, wie meine Hose oder wie das wahre Glück durch Abwesenheit.

AUGE UM AUGE

Stundenlanger Regen nieselt,
und es schmerzt schon das Gesäß,
und die Luft ist eingedieselt
durch die vielen Lkws.

Immer weiter! Keine Liebe
kennt man auf der Autobahn!
Wütend beißt sich das Getriebe
und der Mensch durch – Zahn um Zahn …

UNTERSCHIED

Wollen wir doch einmal dieses Thema streifen:
Autoräder sind von *Reifen* –
Lehrer aber, die zu lehren sich bestreben,
sind von *Unreifen* umgeben!

NOCH 'N UNTERSCHIED

Wir fuhren einst zusammen
tagtäglich mit der „Zehn",
jetzt fahren wir zusammen,
wenn wir uns wiedersehn!

EIN STANDPUNKT

Wenn du mit vieler Mühe auf einen Berg gekraxelt bist, so merkst du erst da oben, wie schön es unten ist. Doch hab es nicht zu eilig mit dem Hinuntergehn; es gibt nämlich nichts Schönres, als Über-den-Dingen-stehn.

AN ROLF

Du warst ein treuer Kamerad,
so treu, wie er im Buche steht.
Wir bummelten und spielten Skat,
dann wurden wir vom Wind verweht.

Dann wurden wir vom Wind verweht,
allein, ein Freund bliebst du mir nicht.
Ich wurde ja auch nur Poet,
du aber bist beim Amtsgericht.

NÄCHSTENLIEBE

Die Nächstenliebe leugnet keiner,
doch ist sie oft nur leerer Wahn,
das merkst am besten du in einer
stark überfüllten Straßenbahn.
Du wirst geschoben und musst schieben,
der Strom der Menge reißt dich mit.
Wie kannst du da den Nächsten lieben,
wenn er dir auf die Füße tritt?!

DER GENERAL UND SEIN HEMD

Es wollte der Herr General
ein Unterhemd belohnen,
und er befahl dem Wäscheschrank,
dem Festakt beizuwohnen!
Es traten zum Appelle an
der Hemden bunte Scharen –
mit Ausnahme derjenigen,
die grade schmutzig waren!

Er sprach: „Ich will heut eines Hem-
des Dienste anerkennen
und dieses tapfre Unterhemd
zum Oberhemd ernennen!
Ich hab's getragen sieben Jahr,
ich will's nicht tragen länger!
Es wurde mir ein guter Freund,
jedoch am Bauche enger!"

Er steckte ihm den Orden an
vom „Hemdenband mit Schnalle"!
Die Hemden riefen, was man ruft
dreimal in solchem Falle:
„Hurra! Hurra!", und nochmals: „Rra!"
Das Oberhemd sprach: „Danke!",
und dann verschwand's im *höheren*
Regal vom Wäscheschranke!

DIE UHRSACHE

Die Rathausuhr geht unentwegt,
und immer scheint sie aufgeregt,
weil – ist sie auch schon hochbetagt
sie innerlich die *Unruh* plagt – – –
was sich auf uns dann überträgt …

EINE BEOBACHTUNG

Herrn, die allein, aber dafür zur späten
Stunde, eine Bar oder so was betreten,
reiten meist ein und dieselbe Masche:
Eine Hand steckt in der Hosentasche!

Ist das nun einfach Verlegenheit
oder ein Akt von Verwegenheit?
Wissen sie nicht „mit den Händen, wohin“
oder soll's heißen „seht her, wer ich bin"?!

Möglich ist auch: Diese Herren von Welt
zähl'n noch mal heimlich ihr Taschengeld …

DER STEIN

Fast wär vom Dach ein Ziegelstein
mir auf den Kopf geflogen,
jedoch „es hat nicht sollen sein“:
Er machte einen Bogen.

Dass er das tat, ja, das war gut!
Doch hat der Fall bewiesen:
Man sei beständig auf der Hut
und geh nie ohne diesen!

DÜSENLÄRM

Früher hatte man mit kranken Drüsen
oft zu tun –
heute lassen uns die lauten Düsen
nachts nicht ruhn!

Wie soll uns bei den Getösen
Schlaf erlösen!
Oder auch nur:
Wie soll man bei diesen bösen
Düsen dösen?

KENNST DU DEN ORT?

Kennst du den Ort, wo es stets muffig riecht?
Dir feuchte Kälte in den Anzug kriecht?
Wo stolze Flaschen stehen voll des Weins?
Wo Dosen dösen mit dem Schmalz des Schweins?
Wo Spinnen kunstgerecht die Wand „benetzen“
und wo kein Stuhl ist, sich mal hinzusetzen?
Wo Kohlen frierend in der Ecke liegen?
Wo die Kartoffeln edle Keime kriegen,
die Waschmaschine wäscheharrend steht
und wo des Wassers Haupthahn leise kräht?
Kennst du den Ort? O Fremdling, sprich!!
Du kennt ihn nicht? – Nun, aber ich!

GERÜCHTE UM GERICHTE

Es gibt Gerüchte,
dass Hülsenfrüchte –
in Mengen genommen –
nicht gut bekommen.

Das macht ja nichts, ich finde das fein!
Warum soll man nicht auch mal ein *Blähboy* sein?!

DIE POINTE

Am meisten Freude macht es mir,
die Pointe zu verstecken
und dann zu sehen, wie es dir
gelingt, sie zu entdecken.

Wie dir beim Lesen erst der Mund
zuckt, dann der Augen Falten
sich tiefer graben, und
– du kannst nun nicht mehr an dich halten –
du lachst und lachst
und machst
mich damit froh!

So,
das wär's, was ich mit der „versteckten Pointe" meine ...
Doch lach noch nicht;
denn dies Gedicht
hat keine!

GROSSMAMAS LIED

Ich sitze da und stricke Strumpf. –
Und unterm Hause ist ein Sumpf.
Drum steht das Haus nach vorn geneigt,
so wie ein Geiger, wenn er geigt.
Ich seh Musik ganz in der Ferne
und höre über mir die Sterne,
das klingt in meinem Kopf so dumpf.
Ich sitze da und stricke Strumpf. –

DAS GEWITTER

Der Mond verbirgt sein bleiches Licht,
die Sterne am Himmel, sie funkeln nicht.
Die Nacht ist schwül.
Im Herzen wird bang.
Der Uhu krächzt einen Totengesang.

Da – bricht's aus schwarzer Nacht hervor,
als wäre geöffnet der Hölle Tor,
als ständen die Säulen des Erdballs in Flammen,
als stürze das ganze Weltall zusammen,
und aus der Wolken feuchtem Schoß
der Regen in Strömen sich ringsum ergoss,
als wollten des Wassers wilde Gewalten
das Land zum unendlichen Meere gestalten.

Und wie es so stürmet und brandet und kracht,
da, eine Jungfrau tritt hinaus in die Nacht
und ruft in die tosenden Winde hinaus:
„Na, das ist ein Dreckwetter, da bleib ich zu Haus."

DÜNNE LUFT

Ich sitz in fast viertausend Meter Höhe,
doch meine Stimmung ist so ziemlich down …
Die Luft ist dünn, das macht ganz schrecklich müde –
den Zustand merken Sie an diesem Liede:
Mir ist, als wär vor meinem Kopf ein Zaun …

Doch *ohne* Zaun klafft dicht vor mir ein Abgrund!
Ist er es wert, dass man ihn überhaupt erwähnt?!
Nun, ich schreib dies Gedicht hin als Etüde …
Die dünne Luft macht wirklich einen müde –
sogar der Abgrund gähnt …!

AN EINEN NICHTSCHWIMMER

Du kannst nicht schwimmen? Ah, deshalb kriegen
dich nicht Baldrian, nicht Kampfer
auf einen Dampfer!
Doch neulich hast du ein Flugzeug bestiegen!
Kannst du denn fliegen? ...

FRAU WIRTIN

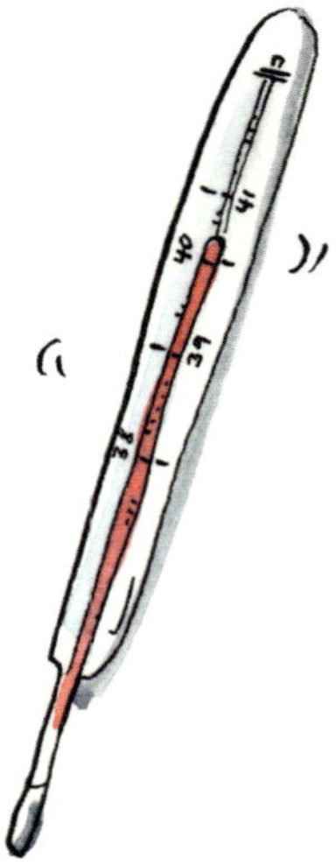

Frau Wirtin hatte einen Tänza,
den kriegte, ach, die Influenza
in ihre bösen Fänge.
Nun lag mit vierzig er im Bett –
na, das war ein Gedränge …

GELD UND GEIST

Ich finde solche, die von ihrem Geld erzählen,
und solche, die mit ihrem Geiste protzen,
und solche, die erst beten und dann stehlen,
ich finde solche, Sie verzeihn, zum Kotzen.

DAS ECHO

Das Echo liegt im Felsenspalt
und schläft, mit Schnee bedeckt.
Solang es Winter ist und kalt,
wird es nicht aufgeweckt.

Doch wenn der Schnee geschmolzen ist,
du, lieber Enzian, grünst,
und mutig jodelt der Tourist,
hat's Echo wieder Dienst.

OBEN OHNE

Natur ist immer dort sehr schön,
wo Bäume ihr zu Berge stehn,
und wenn der Wind behutsam leicht
wie 'n Kamm durch diese Bäume streicht.

Doch wo die Berge kahl und steinig,
da ist nichts los! – Sei'n wir doch einig,
dass Schönheit meistens nicht viel zählt,
wenn's oben fehlt!

ES LOHNT SICH NICHT, SICH AN EINEN STROHHUT ZU KLAMMERN.

◆ ◆ ◆

BEI MANCHEN MENSCHEN GEHT ALLES SCHNELL ZUM EINEN OHR REIN UND ZUM ANDEREN RAUS – DIE HABEN AUCH NICHT VIEL DAZWISCHEN.

◆ ◆ ◆

PARADOX IST, WENN SICH EINER IM HANDUMDREHEN DEN FUSS BRICHT.

◆ ◆ ◆

MANCHMAL HAT ES WIRKLICH KEINEN SINN, DIE STIRN ZU FLETSCHEN UND DIE ZÄHNE ZU RUNZELN.

EIN STABHOCHSPRINGER IST KEIN HOCHSTAPLER – EINE HEBAMME KEINE EMFANGSDAME.

◆ ◆ ◆

LIEBER EIN KLEINER LACKSCHADEN ALS EIN GROSSER DACHSCHADEN.

DIE MITTE

Ein kleines Verslein kam gegangen
und hat zu sprechen angefangen:
„Ich bin an deinem Tisch gewesen
und hab dein Manuskript gelesen:
Der Anfang ist ein wenig schwach,
dafür lässt dann das Ende nach.
Ich sei, gewähre mir die Bitte,
in deinem Buch deshalb die Mitte!“

ROLF UND HEINZ I

Rolf: Wo waren Sie denn?

Heinz: Auf dem Mond!

Rolf: Wo waren Sie?

Heinz: Auf dem Mond!

Rolf: So, so!

Heinz: Ja, ja!

Rolf: Waren Sie ganz allein da oben?

Heinz: I wo. Ich habe dort eine Menge bekannter Gesichter getroffen!

Rolf: Wen denn zum Beispiel?

Heinz: Eine Menge Politiker!

Rolf: Aber das ist doch nicht möglich?

Heinz: Warum? – Die meisten von ihnen leben doch heute auf dem Mond ...!

AMPELN

1

Wir hatten einst – die Zeit ist tot –
als Landesfarben Schwarz-Weiß-Rot.

Dann hat man sie nicht mehr gewollt,
und wir bekamen Schwarz-Rot-Gold.

Doch diese übersieht man fast
in unsrer Zeit voll Kampf und Hast.

Die Farben, die sich heute ziehn
durch unser Sein, sind Rot-Gelb-Grün.

2

Wenn wir uns ans Steuer setzen,
um zum Arbeitsplatz zu hetzen,
können wir nur höchstens schleichen,
denn uns hindern viele Zeichen.

Ganz besonders sind's die Ampeln,
die auch Radfahrer beim Strampeln
und selbst Fußgänger, die gemsengleich
hinüberwollen, bremsen.

Vom Direktor bis zum Penner
sind wir nichts als Ampelmänner!

3

Dort, wo eine Kreuzung droht,
hat man selten Grün, meist Rot.
Und so schön das Rot auch schien,
man ist diesem Rot nicht grün.

Doch wenn Grün kommt, und man kann,
hat der liebe Vordermann
– solche Fälle sind verbürgt! –
seinen Motor abgewürgt.

Bracht in Gang er endlich ihn,
und man kann, ist nicht mehr Grün.
Schuld ist vorne der „Idiot“! –
Bis man Grün hat, sieht man rot!

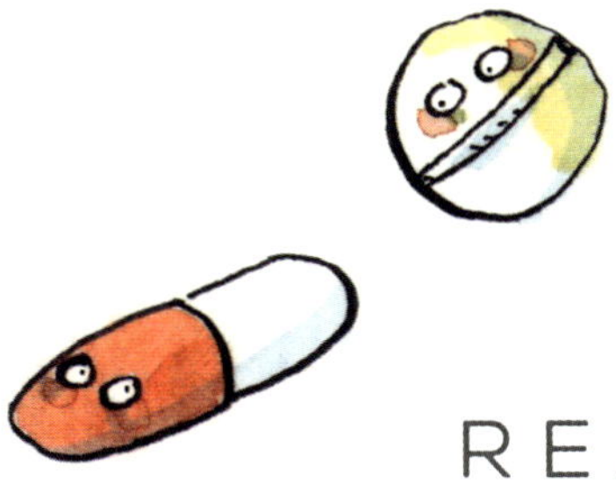

REZEPT

Besitzt du Senkfüße, schluck Pillen,
und du bist platt: Sie helfen gleich!

Auch gegen sonstige Bazillen
gebrauch nicht Fenchel und Kamillen!
Vergiss das Zeugs um Himmels willen!

Des Menschen *Pille* ist sein Himmelreich!

AUSGEFALLENES

Man hat ganz oben auf dem Kopfe
viel tausend Poren, dicht bei dicht.
Und nun – das ist das Wunderbare:
aus diesen Poren wachsen Haare!!!
Oder auch nicht.

ZAHNWEH

Vom Zahn der Zeit sei heute die Rede. Der nagt nämlich an meinem Zahn, weshalb ich es an der Zeit fand, zum Zahnarzt zu schleichen. Bevor Letzterer aber dazu kam, mir Ersteren zu entfernen, entfernte ich mich, weil ich glaubte, der Situation nicht gewachsen zu sein, wenn der Zahnarzt – zornig geworden durch meine Klagen – befehlen wird:
„Mensch, beißen Sie die Zähne zusammen, und machen Sie den Mund auf!“
Ach was – bei irgendeiner Gelegenheit werde ich mir den wehen Zahn schon ausbeißen, es gibt ja immer mal eine harte Nuss zu knacken. Der Biss auf die Nuss erspart den Zahnarzt.

ZAHNPFLEGELEIEN

Man sollte wirklich den so schweren Gang zum Zahnarzt wagen. Wie wäre es mit morgen? Ach nee, morgen kann ich Gott sei Dank leider nicht! Und übermorgen? Oh, da hat der Zahnarzt keine Sprechstunde! Fein, wie schade! Aber in diesem Jahr gehe ich bestimmt noch hin, denn sonst steht plötzlich auf meinem Grabstein:

Geboren am Bodensee,
gestorben an Zahnweh …

DER FRIEDHOFSGEIGER

Immer wenn die Totenglocke
läutete im Dorf, dann griff der
Friedhofsgeiger nach der Geige,
nach dem Bogen und dem Hute.
Und wenn leis der Sarg sich senkte,
stand er geigend an dem Grabe,
und die Trauergäste weinten,
und dann gaben sie ihm reichlich.

Plötzlich und ganz unerwartet
starb der Bäckermeister Wuttke
und der Apotheker Heinrich,
und noch viele andre folgten.
Auch den Volksschullehrer Meinke
trug man feierlich zu Grabe,
dem, so wusste man, nichts fehlte
als die Liebe seiner Schüler.

Niemand aber ahnte, dass der
Bäcker und der Apotheker
und der Lehrer und die andern
keines echten Todes starben,
weil der Friedhofsgeiger ihnen
in der Wirtschaft Gift ins Essen
schüttete, das festzustellen
schwer war für den Arzt des Dorfes.

Und weil in dem kleinen Orte
sonst nur selten welche starben,
gab der Geiger Hilfestellung,
da er von den Toten lebte.
Denn wenn leis der Sarg sich senkte,
stand er geigend an dem Grabe,
und die Trauergäste weinten,
und dann gaben sie ihm reichlich.

FUSSBALL 1

Ein Lateiner sagte einmal: „Wer die Waden hat, braucht für den Sport nicht zu sorgen!“ Womit zweifelsfrei bewiesen ist, dass man schon in alten Zeiten dem Fußballspiel gefrönt hat. Glücklicherweise gibt es heute nur wenige, die für diese Sportart nichts übrig haben. Sie stehen abseits – und gerade das ist beim Fußball streng verboten! Man muss immer am Ball bleiben, immer hinter ihm herrasen. Deshalb zählt man den Fußballswport auch zu den Rasenspielen.
Aber wenn dieses schöne Spiel auch Fußball heißt, so darf man es nicht nur mit dem Fuß, sondern muss es auch mit dem Kopf spielen. Leider ist in der Regel diese Regel wenig bekannt, und wir wollen nur hoffen, dass bei unseren nächsten Länderspielen dieser vernachlässigte Körperteil wieder zu seinem Recht kommt.

FUSSBALL 2

Vierundvierzig Beine rasen
durch die Gegend ohne Ziel,
und weil sie so rasen müssen,
nennt man das ein Rasenspiel.

Rechts und links stehn zwei Gestelle,
je ein Spieler steht davor.
Hält den Ball er, ist ein Held er,
hält er nicht, schreit man: „Du Toooor!“

Fußball spielt man meistens immer
mit der unteren Figur.
Mit dem Kopf, obwohl’s erlaubt ist,
spielt man ihn ganz selten nur.

AN EINEN SCHLAGERKOMPONISTEN

Willst du Schlager fabrizieren,
weil so wenig existieren,
so ergreife deine Feder
oder auch den Blei entweder
und versuche zu notieren,
was gerade du ersannst.

Doch musst du dich dagegen wehren,
etwas Neues zu gebären;
denn nur das, was alt und mager,
wird ein so genannter Schlager,
nach dem alles singt und tanzt.

Sieh dir deine Gattin an:
Von den Fraun lernst du behände,
wie du ältere Bestände
wieder aufarbeiten kannst ...!

ZWEIFEL

Nein, nicht jeder Filmakteur
treibt mit dem Talent Verschwendung,
und nicht jeder Fernsehstar
glaubt an sich und seine Sendung.

Mancher Ofen heizt die Luft
überm Haus und drinnen rußt er,
mancher wird ein Diplomat
und bleibt trotzdem nur ein Schuster.

Mancher Käpt'n, der zur See
schiffen möcht, kahnt auf der Weser,
mancher hadert mit dem Sein
und dem Ich. Und du, mein Leser?

AN EINEN VON VIELEN

Als du noch warst, wollt man nichts geben.
Kaum warst du tot, ließ man dich leben!
So ist's! – Den höchsten Ruhm erworben
hat man erst dann, ist man gestorben.

DIE TURMUHR

Bläst um unsrer Kirche Turm
aus Nordwest ein starker Sturm,
geht die Turmuhr überm Dach
immer nach, immer nach.

Wenn der Sturm sich aber dreht,
von der andern Seite weht,
und man blickt zur Uhr empor,
geht sie vor, geht sie vor.

Bläst jedoch der Sturm voll Zorn
mal ganz anders: mal von vorn,
kann man an den Zeigern sehn,
sie bleibt stehn, sie bleibt stehn.

Wenn der Sturm sich aber legt
und kein Lüftchen sich bewegt,
und man schaut zur Turmuhr flüchtig,
geht sie richtig, geht sie richtig.

DREI BILDER

Zwei Bilder hängen, ach, an meiner Wand.
Das eine ist als „Eremit“ bekannt,
das andere hingegen
zeigt eine Landschaft nach dem Regen.
Das dritte Bild ist nicht zu sehn,
doch trotzdem ist es wunderschön,
nie würd ich den Verlust verschmerzen:
Das dritte Bild trag ich im Herzen!

EIN TRAUERTAG

Hunderttausend Menschen strömen
auf die Friedhöfe der Städte.
Die Gedanken gehn nach unten
und nach oben die Gebete.

Vater Staat hat uns befohlen,
heut der Toten zu gedenken –
ihnen Kränze oder Blumen
oder Tränen gar zu schenken!

Vater Staat mischt sich in alles,
selbst in die intimsten Dinge –
als ob der, der wirklich trauert,
nicht auch sonst zum Friedhof ginge …

BEI DER BEHÖRDE IST ES GENAU WIE
BEIM THEATER: EIN PAAR ARBEITEN,
UND DIE ANDEREN SCHAUEN ZU.

◆ ◆ ◆

FREUNDE, HÜTET EUCH VOR DIESEN, DIE
DA HUSTEN, WENN SIE NIESEN! ...

◆ ◆ ◆

MANCHE MENSCHEN WOLLEN IMMER NUR
GLÄNZEN, OBWOHL SIE KEINEN SCHIMMER HABEN.

◆ ◆ ◆

ES HAT KEINEN SINN, DEN BRUNNEN AUSZU-
SCHÜTTEN,WENN DAS KIND VERBRANNT IST.

◆ ◆ ◆

VIELE MENSCHEN LASSEN GUTE RATSCHLÄGE
LINKS IM PAPIERKORB LIEGEN, DEN
MAN IHNEN HÖHER HÄNGEN SOLLTE.

◆ ◆ ◆

LIEBER EIN KLEINER LACKSCHADEN
ALS EIN GROSSER DACHSCHADEN.

BALLADE AUS ESTLAND

Im alten Schloss zu Wesenstein,
da soll es nachts ganz finster sein.
Warum's dort finster ist bei Nacht,
das hat noch keiner rausgebracht.

Und jede Nacht um Mitternacht
die Turmuhr laut zwölf Schläge macht.
Warum das grad um Mitternacht,
das hat noch keiner rausgebracht.

Ein Dichter, dem man's hinterbracht,
hat hieraus dies Gedicht gemacht.
Warum er dies Gedicht gemacht,
das hat noch keiner rausgebracht.

WINDMÜHLEN

Schon seit den Tagen Don Quichottes
gibt's Windmühlen; doch leidergotts
sind sie, wie es so manchmal geht,
fast überall vom Wind verweht.
Man sieht sie äußerst selten drum,
und wenn, dann stehn sie nur herum.
Sie werden zwar noch gern *gemalt;*
doch *mahlen* macht sich nicht bezahlt!
Wer kauft noch *Mehl,* wenn morgens man
sich fert'ge Brötchen kaufen kann?
Auch alle übrigen Gebäcke
kriegt man beim Bäcker um die Ecke.

Drum mache man, ob Greis, ob Kind,
um Windmühlen nicht so viel Wind!

SCHICKSAL

Er war ein großer General
und außerdem eins achtzig,
und kam's zum Kampf, und er befahl,
dann wendete die Schlacht sich.

Er stürmte immer vorneweg,
selbst gegen schwerste Panzer,
und oft lag er im selben Dreck
wie nebenan der Landser.

Er hat in Afrika geschwitzt,
in Norwegen gefroren.
Er hat dem Feind den Sieg stibitzt,
den Krieg jedoch verloren. –

Er war ein großer General!
Sein Ruhm ging in die Binsen;
man kennt ihn heute nicht einmal
dort, wo er wohnt: in Winsen.

SPÄTLESE

Ich bin sehr krank
und geh zum Schrank.
Ich hol ein Glas
und fülle das
mit Moselwein.
Hm, der schmeckt fein:
Spätlese!

Ich bin genesen
und möchte lesen.
Ich hol mir was
und lese das
von abends acht
bis Mitternacht.
Auch 'ne Spätlese ...

TRINKLIED

Wo bleibt heut bloß der Sonnenschein?
Liegt 's an den Isobaren?
Ach, soll 's doch ruhig trübe sein
wir trinken unsern Klaren!

Schön eisgekühlt stürzt er zu Tal,
es wird uns heiß und heißer …
Der trübe Himmel kann uns mal,
und *wo* er kann, das weiß er.

Das Trübsalblasen ist ein Graus
und schädlich ohne Zweifel!
Kommt, lacht den trüben Himmel aus –
Alkohol ihn doch der Teufel!

ERFREULICH

Es ist gewiss viel Schönes dran
am Element, dem nassen,
weil man das Wasser trinken kann!
Man kann's aber auch lassen –

TROST

Immer wenn ich traurig bin,
trink ich einen Korn.
Wenn ich dann noch traurig bin,
trink ich noch 'nen Korn.
Und wenn ich dann noch traurig bin,
dann trink ich noch 'nen Korn ...

... und wenn ich dann noch traurig bin,
fang ich an von vorn.

DER SNOB

Sie reichten Weine mir und Bier
und Schnäpse und dergleichen –
dabei könn'n diese Leute mir
nicht mal das Wasser reichen!

DIE KUNST DES TRINKENS

Solange es uns Menschen gibt,
sind auch Getränke sehr beliebt –
ich meine hier natürlich nur
die alkoholischer Natur!

Den *Wein*, den hab ich übersprungen,
der wurde schon zu oft besungen
und auch der *Sekt!* (Man reicht ihn Gästen
zum An- und Aufstoßen bei Festen.)

Wie selten aber steht vom *Bier*
etwas geschrieben, außer hier:
„Es schäumt das Glas mit edler Gerste,
und stets bekömmlich ist das erste!“

Doch gibt es außerdem Getränke,
den'n ich besondre Liebe schenke,
ich schätze fast seit der Geburt se:
das ist der *Klare* oder *Kurze!*

Wie wärmen sie an kalten Tagen
schön eisgekühlt den kalten Magen!!!
Wie spornen sie – als Geistgetränke –
den Geist an, dass er wieder denke!!!

Jedoch wie geistlos – sei'n wir offen! –
wird diese Köstlichkeit *gesoffen!*
Drum will ich, eh Sie einen heben,
hier schnell noch einen Ratschlag geben:

Man trinke *Schnaps* stets *nur zum Essen!!!*
Das *Bier* dazu soll man *vergessen!!!*
Und ob in Kneipe oder Haus:
Man lasse immer einen aus!!!

Wenn man das ganz genau so tut,
dann fährt man stets – auch Auto! – gut.

PRESSEFREIHEIT

Donnerstag
Der Wecker weckt, wie üblich, um sieben.

Du hast dir den Schlaf aus den Augen gerieben
und gehst dich waschen, vielleicht sogar baden,
auch eine Rasur kann heute nichts schaden.
Du ziehst dich, leis trällernd, sorgfältig an
und schreitest hinunter, ganz Vater, ganz Mann!
Begrüßt deine Frau, deren Sohn, dessen Schwestern –
du kennst sie ja schließlich noch alle von gestern –,
und so nehmt ihr denn Platz an dem Frühstückstisch. –

Der Kaffee ist warm, die Brötchen frisch.
Das Ei ist weich. – Du schmierst dir gerade
aufs Brötchen erst Butter, dann Marmelade,
da fällt – unter des Sehnervs bewährter Leitung –
dein Blick auf die heutige Morgenzeitung
und liest eine Schlagzeile, so wie diese:

Ein neuer Weltkrieg droht!
Es kommt eine Krise!!!

Kaum hast du das in dich aufgenommen,
schon ist der Kaffee dir hochgekommen!
Das Brötchen bleibt dir im Halse stecken,
und das Ei will nun auch nicht mehr richtig schmecken!
Dein gütiges Vaterlächeln ist jäh erstorben –
kurzum, deine Laune ist gründlich verdorben!
So schleichst du denn, deprimiert und nicht froh,
in dein Büro.

Freitag
Der Wecker weckt, wie üblich, um sieben.

Er hat dich recht roh aus dem Bette getrieben.
Du wäschst dich nur flüchtig und nur, wo es wichtig,
und rasierst dich auch gar nicht so richtig.

Du nimmst am Frühstückstisch Platz in Begleitung
deiner Familie und greifst *schon* nach der Zeitung!
Du überfliegst die erste Seite – und suchst
dann auf der zweiten Seite und fluchst,
weil auch auf der dritten und vierten nichts steht,
wie es mit der Krise denn weitergeht!

Endlich, auf der letzten Seite, ganz hinten,
ganz klein gedruckt und kaum noch zu finden,
liest du dann eine Notiz, so wie diese:

Es kann keine Rede sein von einer Krise!
Auch sonst sind keine Gefahren vorhanden,
wir hatten den Redner bloß missverstanden
und bitten die Leser, die immer geduldigen,
auch diesmal die Falschmeldung zu entschuldigen!

Nur zögernd glätten sich deine Falten – – –.
Du trinkst den Kaffee, den inzwischen kalten,
dann nimmst du den Löffel und schlägst deinem Ei
fast zärtlich die kalkige Schale entzwei.
Dann greifst du zum Brötchen und schließlich zur Butter
– dasselbe tuen die Kinder, die Mutter –,
und allmählich zieht im trauten Verein
nun auch der innere Frieden ein.

Die Familie ist glücklich. Du bist es wie sie –
bis morgen früh (?) ...

SCHIMPFE NICHT

Schimpfe nicht auf Sozialisten –
oder auf Nationalisten –
oder gar auf Klerikale –
und auch nicht auf Liberale!
Schimpf nicht auf die Kaisertreuen–
oder auf die Neo-Neuen – –
schimpfe nur auf jene, die 's
Land regier'n, als könnten sie 's!

SENDEPAUSE

Eine der schönsten und beliebtesten Sendungen im Rundfunk und Fernsehen ist die Sendepause. Man bedenke: Unzählige Techniker sind damit beschäftigt, nichts zu senden. Nichts. Viele Hörer und Zuschauer schrieben begeisterte Briefe mit der Bitte, die Sendepausensendung doch auszudehnen, weil diese die einzige Sendung sei, bei der der Nachbar ruhig aufdrehen könne, ohne dass man selbst dabei – durchdreht.

Es gibt freiwillige und unfreiwillige Sendepausen. Eine freiwillige findet werktäglich statt, eine unfreiwillige kann auch sonntags stattfinden und heißt „Technische Störung“. Wer genau hinhört, kann zwischen einer freiwilligen und einer unfreiwilligen Sendepause keinen Unterschied merken. Es gibt eben keinen Unterschied zwischen freiwillig und unfreiwillig. Das werden die alten Soldaten den neuen gern bestätigen.

SOLANGE ES HAARE GIBT, LIEGEN SICH
DIE MENSCHEN IN DENSELBEN.

◆ ◆ ◆

FRIEDEN AUF ERDEN – HOFFENTLICH WIRD
ES KEINEN ZAUN MEHR GEBEN, VON DEM
MAN EINEN STREIT BRECHEN KANN.

◆ ◆ ◆

MANCHE KONFERENZEN FINDEN
UNTER VIER WÄNDEN STATT.

◆ ◆ ◆

MANCHE HAB- UND GUTSELIGKEITEN SIND NUR EIN
TROPFEN AUF DEN HOHLEN ZAHN.

◆ ◆ ◆

DER SCHLÄFT GUT, DER NICHT WEISS,
WIE SCHLECHT ER SCHLÄFT.

ERKENNTNIS

Man hat vor Jahren festgestellt,
dass unsre liebe, schöne Welt,
auf der wir leben, nicht nur bunt ist,
nein, dass sie außerdem auch rund ist.
Und deshalb sind wir in der Lage
– sowohl bei Nacht als auch bei Tage –
von einer Erdhälfte zur andern
zu fliegen, schwimmen oder wandern,
was ganz unmöglich wär beileibe,
wär unsre Erde nur 'ne Scheibe.

Wobei, wie ihr es sicher wisst,
auf Erden alles Schei-be ist!

DAS GLÜCKLICHE LEBEN

Nein, wir hatten nichts zu rauchen.
Was da rauchte, waren Trümmer.
Und dann rauchten wir Machorka,
und der Hunger wurde schlimmer. –

Doch bald wurde es dann besser.
Wieder rauchten alle Schlote.
Und wir reisten nach Mallorca
mit dem Flugzeug oder Boote.
Und die Häuser wurden größer,
und die Autos wurden länger,
und wir wurden immer fetter
und die Städte immer enger.
Geld gab's viel für wenig Arbeit.
Alles gab's im Übermaße:
Freiheit, Fernsehn, Ferienreisen –
und die Toten auf der Straße.

DEPRESSIONEN

Gestern war ich noch so fröhlich,
heute hat es sich gegeben.
Gestern schlug ich Purzelbäume,
heute will ich nicht mehr leben.

Solch ein Zustand ist entsetzlich,
mich und meine Umwelt quäl ich;
doch er dauert nicht sehr lange:
Morgen bin ich wieder fröhlich!

DER EINSAME

Einsam irr ich durch die Gassen,
durch den Regen, durch die Nacht.
Warum hast du mich verlassen,
warum hast du das gemacht?
Nichts bleibt mir, als mich zu grämen!
Gestern sprang ich in den Bach,
um das Leben mir zu nehmen;
doch der Bach war viel zu flach.

Einsam irr ich durch den Regen,
und ganz feucht ist mein Gesicht,
nicht allein des Regens wegen,
nein, davon alleine nicht.
Wo bleibt Tod in schwarzem Kleide?
Wo bleibt Tod und tötet mich?
Oder besser noch: uns beide?
Oder besser: erst mal dich?

GEDANKEN AM SAMSTAGABEND

Im Wasser schwimmt der Gummischwamm,
denn heut ist Samstag, und ich bade.
Zwei Zähne fehlen mir am Kamm,
es duftet laut nach Haarpomade. –

Das Wasser tropft ins Abflussrohr,
der Stöpsel scheint nicht gut zu schließen.
Ich habe Seife in dem Ohr
und Hühneraugen an den Füßen. –

Das Wasser ist schon stark getrübt,
nur mühsam wälzen sich die Fluten.
Ich bin seit vorgestern verliebt,
da hilft kein Blasen und kein Tuten. –

ALTE WEISHEIT

„'s ist schlimm,
wenn man alt wird", das Alter spricht,
„aber schlimmer ist es,
man wird es nicht!"

EIN OSTERGEDICHT

Wer ahnte, dass zum Weihnachtsfest
Cornelia mich sitzen lässt?

Das war noch nichts: Zu Ostern jetzt
hat sie mich abermals versetzt!

Nun freu ich mich auf Pfingsten –
nicht im Geringsten!

FESTE

Der Karpfen kocht, der Truthahn brät,
man sitzt im engsten Kreise
und singt vereint den ersten Vers
manch wohlvertrauter Weise.
Zum Beispiel „O du fröhliche“,
vom „Baum mit grünen Blättern“ –
und aus so manchem Augenpaar
sieht man die Träne klettern.
Die Traurigkeit am Weihnachtsbaum
ist völlig unverständlich:
Man sollte lachen, fröhlich sein,
denn ER erschien doch endlich!

Zu *Ostern* – da wird jubiliert,
manch buntes Ei erworben!
Da lacht man gern – dabei ist ER
erst vorgestern gestorben …

WEIHNACHTEN 1944

(Als ich keinen Urlaub bekam)

Wenn es in der Welt dezembert
und der Mond wie ein Kamembert
gelblich rund, mit etwas Schimmel
angetan, am Winterhimmel
heimwärts zu den Seinen irrt
und der Tag stets kürzer wird –
sozusagen wird zum Kurztag –,
dann hat's Christkindlein Geburtstag!

Ach, wie ist man dann vergnügt,
wenn man einen Urlaub kriegt.
Andrerseits, wie ist man traurig,
wenn es heißt: „Nein, da bedaur' ich!"

Also greift man dann entweder
zu dem Blei oder der Feder
und schreibt schleunigst auf Papier
ein Gedicht, wie dieses hier:

Die Berge, die Meere, den Geist und das Lebe
hat Gott zum Geschenk uns gemacht;
doch uns auch den Frieden,
den Frieden zu geben,
das hat er nicht fertiggebracht!
Wir tasten und irren, vergehen und werden,
wir kämpfen mal so und mal so ...
Vielleicht gibt's doch richtigen
Frieden auf Erden?
Vielleicht grade jetzt? – – Aber wo? ...

EIN WEIHNACHTSLIED

Es ist Weihnachten geworden.
Kalter Wind bläst aus dem Norden
und hat Eis und Schnee gebracht.

Doch am Weihnachtsbaum die Kerzen,
die erwärmen unsre Herzen,
und des Kindes Auge lacht.

Und man sieht auf den verschneiten
Straßen weiße Engel schreiten
durch die stille, heil'ge Nacht.

AN MEINE BRILLE

Ich wäre glatt verloren,
wärst du nicht stets bei mir.
Du hängst an meinen Ohren
grad so, wie ich an dir.

Ich trag dich, wenn auf Zehen
die Nacht sich niedersenkt.
Dann kann ich besser sehen
den Traum, der mich umfängt.

Und wenn ich einst verschwinde
für immer, bleib bei mir.
Dass ich auch sicher finde
den Weg zur richt'gen Tür ...

KLEINE REDE AM NEUJAHRSMORGEN

Wie Sie sehen, seh ich heute ziemlich blass aus. Das liegt daran, weil meine Freunde und ich uns die vergangene Nacht um die Ohren haben schlagen müssen, um einen lieben Entschlafenen, den auch Sie kannten, zur letzten Ruhe zu geleiten. Nämlich das vergangene Jahr.

Der Verblichene starb an den Folgen seines Todes und zum ersten Mal in seinem Leben. Und obwohl er nur ein Jahr alt wurde, war er schneeweiß geworden. So viel Aufregendes hatte er in seinem kurzen Leben erleben müssen.

Als wir an der Bar standen – ich wollte sagen: an der Bahre standen, wurde es sehr feucht der vielen Tränen wegen, die zu vergießen wir nicht vergessen hatten. Es ist ja auch sehr traurig, wenn jemand, der ein ganzes Jahr lang Tag und Nacht um uns war, und an den wir uns mittlerweile gewöhnt hatten, nun für immer von uns geht.

DSCHU-FI-MU

es stirbt die nacht
wird sie vom tag entbunden

der große zeiger
überholt den kleinen

und atemlos
stirbt auch der tag

ALS ICH GEBOREN WURDE,
WAR ICH NOCH SEHR JUNG.

◆ ◆ ◆

PESSIMISTEN SIND LEUTE, DIE MIT DER
SONNENBRILLE IN DIE ZUKUNFT SCHAUEN.

◆ ◆ ◆

WER SICH SELBST AUF DEN ARM NIMMT,
ERSPART ANDEREN DIE ARBEIT.

◆ ◆ ◆

VIELE MENSCHEN HABEN SICH IHRE
EINGEBROCKTE SUPPE SELBST ZUZUSCHREIBEN.

◆ ◆ ◆

NOCH ZWEI TAGE, UND DAS MORGEN
HAT VOR 24 STUNDEN BEGONNEN.

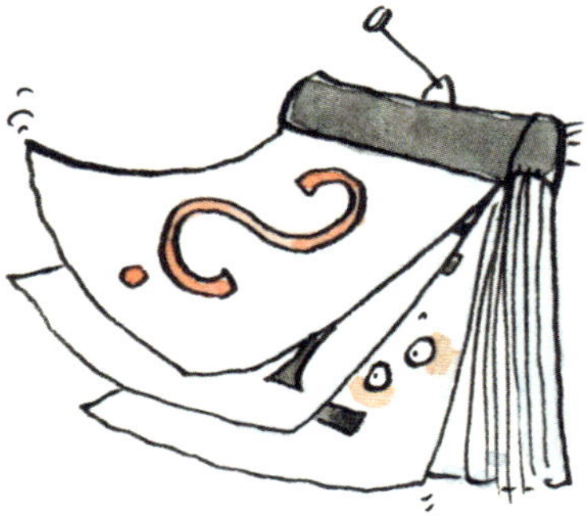

FÜNFZIG PFUND

Eine altenglische Moritat

„Nein, nicht aus Gold ist dieses Ding …
Ihn schenkte einst ein Zaubrer mir.
Nur Unglück brachte stets der Ring,
doch einen Wunsch erfüllt er dir!
Zieh ihn vom Finger, wenn ich sterbe,
und hüte sorgfältig das Erbe …“

So sprach der Inder und verstarb. –
Aus Indien kam Mister Lone
nun endlich wieder nach New-Sharp
zu seiner Frau und seinem Sohn.
Das Geld war knapp, die Armut stieg …
Der Sohn ging täglich zur Fabrik … –

„Sieh, Frau, dir diesen Ring mal an,
doch schweige, bitte, sag kein Wort,
denn hast du einen Wunsch getan
den Wunsch erfüllt er dir sofort!
Und schon entfuhr es ihrem Mund:
„Ach, hätten wir doch fünfzig Pfund!“

Zu spät! – Der Blick des Mannes ging
verzweifelt und entsetzt zu ihr:
„Nur *Unglück* bringt der böse Ring,
so sprach der Inder doch zu mir!“
„Ach, lieber Mann, denk nicht an den –
von fünfzig Pfund ist nichts zu sehn …!“

„Ja, du hast recht!“ – Der Abend kam,
doch nicht der Sohn. – Beim Abendbrot
erschien sein Chef in Schwarz und nahm
den Hut ab, sprach: „Ihr Sohn ist tot …
Ein Unglücksfall … I’m sorry, und
wir zahlen Ihnen fünfzig Pfund …!“

DAS GROSSE LOS

Wie man's auch dreht, wie man's auch nimmt,
das Los ist uns vorausbestimmt.

Wir wissen nicht, was kommt, was geht,
wie man's auch nimmt, wie man's auch dreht.

Wie man's auch dreht und nimmt und zieht,
wir wissen nicht, was uns noch blüht.

Das große Los blüht uns nicht oft,
wie man's auch dreht, nimmt, zieht und hofft.

ANKUNFT IN FRANKFURT

Fast zu jeder Jahreszeit,
ob es warm ist oder schneit,
findet in der Messestadt
Frankfurt eine Messe statt.

AN EINEN PESSIMISTEN

Jede Sorge, Freund, vermeide,
jedes Weh sollst du verachten.
Sieh die Lämmer auf der Weide:
Sie sind fröhlich *vor* dem Schlachten.
Ahnst du nicht, wie dumm es wär,
wären sie 's erst hinterher?

IN VIER ZEILEN

Ich wälze nicht schwere Probleme
und spreche nicht über die Zeit.
Ich weiß nicht, wohin ich dann käme,
ich weiß nur, ich käme nicht weit.

◆ ◆ ◆

Sie dienten mir gerne bei jedem Gedicht,
die Substantive und Verben,
doch heute gehorchen sie mir leider nicht –
ich möchte am liebsten sterben.

Es dürfte keine Steuern geben,
kein Zahnweh, keine Schützengräben,
dann wär auf dieser Welt das Leben
vielleicht noch schöner als wie eben!

◆ ◆ ◆

Man gab uns mancherlei auf Erden:
Zum Denken gab man uns die Stirn,
man gab uns Herz- und Leibbeschwerden,
doch auch den Himmel und den Zwirn.

◆ ◆ ◆

Ich hatte großes Glück bei Fraun
Ja – mir gefiel fast jede.
Man sieht hieraus, wie alt ich bin,
weil ich gern darüber rede.

◆ ◆ ◆

Wenn einer viele Fraun sich nahm,
so nennt man so was „polygam“,
genügt ihm aber eine schon,
nennt man den Zustand „monoton“.

ES IST NICHT ALLES GOLD, WAS GLÄNZT

Oft glänzt der Himmel strahlend blau,
und oft glänzt eine Hose,
oft glänzt die Nase einer Frau
vor dem Gebrauch der Puderdose.
Durch Abwesenheit glänzt das Glück!
Durch Bohnern glänzt die Diele –
man rutscht drauf aus und bricht's Genick!
(Zu großer Glanz ist nichts für viele!)

IN EIGNER SACHE

Ich häng oft den Gedanken nach,
die teilweise stürmisch, teils gemach
die Gänge meines Hirns erfüllen.
Doch denken kann ich nur im Stillen.

Im Wald zum Beispiel! Zwischen Bäumen,
dort kann ich dichten, kann ich träumen.
In Gegenwart von Baum und Tier,
da kommen die Gedanken mir.

Allein, inmitten jener Wesen,
die schreiben können und auch lesen,
die lieben könnten, doch nur hassen,
fällt mir nichts ein, da muss ich passen!

ES SCHEINT SO

Es scheint so, dass auf dem Planeten,
den wir so gern mit Füßen treten
und ihn dadurch total verderben –
dass also hier nur *Gute* sterben!

Denn: Las man je im Inserat,
dass ein Verblichner *Böses* tat?
Dass er voll Neid war und verdorben
und dass er nun mit Recht gestorben?

Es kann hier keinen Zweifel geben:
Die Schlechten bleiben alle leben!

ZU KURZ

Kaum, dass auf diese Welt du kamst,
zur Schule gingst, die Gattin nahmst,
dir Kinder, Geld und Gut erwarbst –
schon liegst du unten, weil du starbst.

SCHÜCHTERNHEIT

Als Kind – zu meiner Eltern Leid –
litt ich an großer Schüchternheit.
Als Gymnasiast dann – farbumbändert –
hatte sich darin nichts geändert.
Auch nach dem ersten Kuss – mit Ellen –
war keine Bessrung festzustellen.
Im Alter erst – beim Kampf ums Leben –
hat sich die Schüchternheit gegeben!

Doch weiß ich: Tritt der Tod herein
und spricht zu mir: „Komm mit, mein Sohn!“,
und führt mich vor des Höchsten Thron,
werd ich wieder ganz schüchtern sein – – –

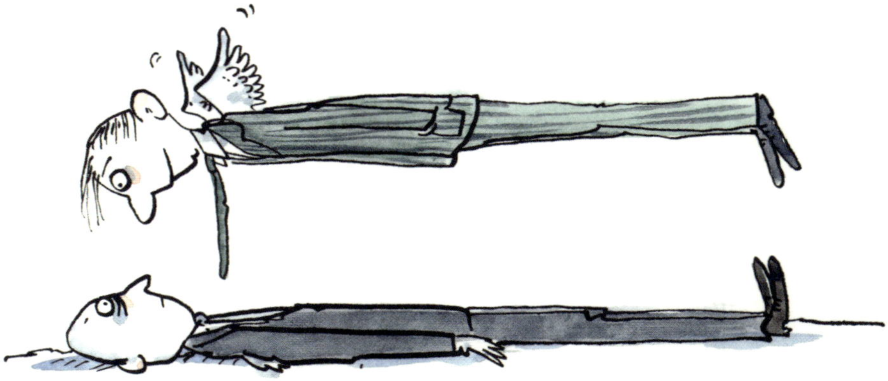

DAS WIEDERSEHN

Er hat sich dreimal überschlagen ...
Lang war der Sturz und kurz der Schreck ...
Im Abgrund lag der schöne Wagen,
und neben ihm lag Mister Black ...
Die starren Augen standen offen ...
Der Wagen lag auf dem Verdeck ...
Black schaute staunend und betroffen:
„Da steht doch mein Freund Taylor? – Jack!!"

„Ja, ich bin Jack! Leidest du sehr?
Wie geht's? Du kannst mir alles sagen!"
„Mein lieber Jack, wie kommst du her,
das muss ich aber wirklich fragen?!
Du fielst vor Jahren doch vom Boot
durch irgendeinen dummen Fehler,
und du ertrankst! *Du bist doch tot!!!?"*
„Du auch", erwiderte Jack Taylor ...

LANGES WOCHENENDE

Nicht alle, aber viele streben
danach, nach Gottes Wort zu leben.

Man geht zur Kirche, liest die Bibel
und weiß dadurch, was gut, was übel,
und ist bemüht von ganzem Herzen,
die Sünde restlos auszumerzen.

Doch *ein* Gebot, trotz Buß und Beten,
hat man schon öfters übertreten,
und dies Gebot, das man verletzt,
heißt so – von Luther übersetzt –:

»Sechs Tage lang sollst du was tun,
am siebten aber sollst du ruhn!«
An keiner Stelle wird gesprochen
von unseren *Fünf*-Tage-Wochen! –

Klar, dass für jeden frommen Christ
das lange Weekend *Sünde* ist!

DER BESUCH

Es klopft. „Herein!“
Wer kommt? ‚Freund‘ Hein!
„Was willst du mit der Sense, sprich?“
„Ich will nicht viel, ich will nur dich!“
„Was, heute schon? Ist’s schon so weit?
Ach, lass mir noch ein wenig Zeit!“
„Nun gut – ich will mal nicht so sein,
ich schaue nächstens wieder rein ...!“

DER ZWEITE BESUCH

Es klopft. „Herein!“
Es ist ‚Freund‘ Hein!
„Ach, du bist’s wieder? Gib doch Ruh!
Zum Nachbarn geh, du Heini, du!
Den kannst du – niemand wird sich grämen –
ganz schnell mal auf die Hippe nehmen!“
„Na, schön, ist mein Besuch dir peinlich,
ich warte draußen, bin nicht kleinlich!“

DER LETZTE BESUCH

Mein Haar ist weiß, grau das Gesicht …
Ich schreib mit Mühe dies Gedicht …
Mein Hirn ist leer, mein Darm verstopft …
Bin so allein …
Wo bleibt ‚Freund' Hein …?

Aha, es klopft – – –

LETZTER RAT

Bevor man dich verbrennt zu Asche,
verhindere, dass man dich wasche.
Versenkt man dich dann in den Keller,
verbrennst du, ungewaschen, schneller!

Wenn sie jedoch die Absicht haben,
dich einst im Ganzen zu begraben,
dann sei appetitlich, frisch und rein –
die Würmer werden dankbar sein!

BILANZ

Wir hatten manchen Weg zurückgelegt,
wir beide, Hand in Hand.
Wir schufteten und schufen unentwegt
und bauten nie auf Sand.
Wir meisterten sofort, was uns erregt,
mit Herz und mit Verstand.
Wenn man sich das so richtig überlegt,
dann war das allerhand.

DER BERG

Hätte man sämtliche Berge der ganzen Welt
zusammengetragen und übereinandergestellt,
und wäre zu Füßen dieses Massivs
ein riesiges Meer, ein breites und tief's,
und stürzte dann unter Donnern und Blitzen
der Berg in dieses Meer – – – na, das würd spritzen!

LETZTE BITTE

Der Tag geht nun zur Neige
und leise kommt die Nacht.
Ich danke dir für alles,
was du für mich gemacht.

Du hast mich stets getröstet,
wenn mir was nicht geglückt,
und hast so oft aus Liebe
ein Auge zugedrückt.

Jetzt geht mein Weg zu Ende.
Und leg ich mich zur Ruh,
so falte meine Hände,
und dann nimm deine Hände:
Drück beide Augen zu …

LEICHT ZU SAGEN

Du irrst, wenn du sagst, es sei leicht,
was *Leichtes* hinzuschreiben,
was lustig – aber nicht zu seicht –
die Sorgen hilft vertreiben.

Leicht ist, ich bitt dich zu verzeihn,
das so genannte *Ernste*,
das braucht nicht angeborn zu sein –
das kannste bald, das lernste!

DICHTER

Es soll manchen Dichter geben,
der muss dichten, um zu leben.
Ist das immer so? Mitnichten,
manche leben, um zu dichten.

EIN NACHRUF

Du warst ein Musiker und Dichter,
ein Maler und Kaninchenzüchter;
doch trotzdem war's dir nicht gegeben,
den eignen Tod zu überleben. –
Wir wollen nur das eine hoffen,
dass du 's dort oben gut getroffen!

KURZ VOR SCHLUSS

Schön ist der Wein, bevor er getrunken,
schön ist das Schiff, bevor es gesunken,
schön ist der Herbst, solange noch Mai ist,
schön ist der Leutnant, solang er aus Blei ist.

Schön ist das Glück, wenn man es nur fände!
Schön ist dies Buch, denn gleich ist's zu Ende.

GANZ ZULETZT

O wär ich
der Kästner Erich!
Auch wäre ich gern
Christian Morgenstern!
Und hätte ich nur *einen* Satz
vom Ringelnatz!
Doch nichts davon! – Zu aller Not
hab ich auch nichts von Busch und Roth!
Drum bleib ich, wenn es mir auch schwer ward,
nur der Heinz Erhardt …

INHALTSVERZEICHNIS

HEINZ ERHARDT

IM LAPPAN VERLAG

ISBN 978-3-8303-3646-4

ISBN 978-3-8303-3677-8

ISBN 978-3-8303-3623-5

ISBN 978-3-8303-3630-3

ISBN 978-3-8303-3405-7

ISBN 978-3-8303-3644-0

LAPPAN

BÜCHER, DIE SPASS BRINGEN!

UND NOCH VIEL MEHR UNTER:

LAPPAN.DE

HEINZ ERHARDT wurde am 20. Februar 1909 in Riga geboren. Er verbrachte einige Jahre in Hannover und Leipzig, wo er Musik studierte, bevor er sich in Hamburg niederließ. Dort lebte er mit seiner Frau und seinen vier Kindern bis zu seinem Tode am 5. Juni 1979.
Als Humorist, Kabarettist, Schauspieler, Komponist, Musiker und Dichter prägte er maßgeblich den Humor der Nachkriegszeit in Deutschland.
Heinz Erhardt trat mit seinen Texten auf Kabarett- und Theaterbühnen auf, begleitete sich selbst am Klavier und wusste zur Begeisterung des Publikums immer „noch'n Gedicht" vorzutragen.
Er war einer der beliebtesten Radiomoderatoren und später in vielen Kino- und Fernsehfilmen zu sehen. Heinz Erhardt gehört zu den erfolgreichsten deutschen Humoristen, seine einzigartigen pointierten Wortspielereien sind bis heute Kult und viel zitiert.

MELANIE GARANIN, 1972 geboren, studierte Zeichentrickfilm in Potsdam-Babelsberg und hat für den Carlsen Verlag alle acht Bände der Kinderbuchreihe »Pippa Pepperkorn« von Charlotte Habersack gezeichnet. Seit 2017 nennt sie sich allerdings Comiczeichnerin und will am liebsten nichts anderes mehr machen. Sie lebt mit ihrer Familie und einem Haufen Tiere bei Berlin. Darüber und über noch mehr schreibt-zeichnet sie auch auf ihrem Blog **melaniegaranin.com.**

2. Auflage 2025
– Originalausgabe –
ISBN 978-3-8303-3678-5

Illustrationen: Melanie Garanin
Lektorat: Monika Swirski | Ariane Ossowski
Herstellung | Gestaltung: Monika Swirski

Wir produzieren nachhaltig
- Klimaneutrales Produkt
- Papiere aus nachhaltigen und kontrollierten Quellen
- Hergestellt in Europa

FSC www.fsc.org MIX Papier | Fördert gute Waldnutzung FSC® C002795

FOLGT UNS! facebook.com/lappanverlag
Instagram.com/lappanverlag
www.lappan.de